# Hogares para todos

Dona Herweck Rice
Ilustrado por Emanuela Di Donna

Las ardillas viven en la arboleda

y las abejas, en sus colmenas.

# Los castores viven en sus represas

y en los graneros, muchas ovejas.

Los ratones viven en madrigueras

y los murciélagos, en sus cavernas.

Los leones viven en la maleza.

¡y nosotros en casas donde podemos jugar!

## Notas para los adultos

Este libro ofrece una valiosa experiencia de lectura compartida a los niños que se están iniciando o que aún se están afianzando en la lectoescritura. Las rimas y las imágenes ayudan a los niños a contar la historia, ya sea que lean por su cuenta o que alguien más les lea. ¡Qué excelente herramienta para desarrollar la confianza que necesitan para encarar las aventuras que los esperan al leer!

**Para ampliar esta experiencia de lectura, realice una o más de las siguientes actividades:**

Después de leer, vuelvan al libro una y otra vez. Volver a leer es una excelente herramienta para desarrollar destrezas de lectoescritura.

Pídale al niño que dibuje más páginas para el libro que muestren a diferentes tipos de animales en sus hogares.

Reflexionen sobre por qué los seres humanos viven en tantos tipos diferentes de hogares.

Nombren todos los tipos de hogares que se muestran en el libro.

Comenten cómo sería si un ser humano viviera en el hogar de un animal y cómo sería si un animal viviera en el hogar de un ser humano.

**Asesora**
Cynthia Malo, M.A.Ed.

**Créditos de publicación**
Rachelle Cracchiolo, M.S.Ed., *Editora comercial*
Emily R. Smith, M.A.Ed., *Vicepresidenta superior de desarrollo de contenido*
Véronique Bos, *Vicepresidenta de desarrollo creativo*
Dona Herweck Rice, *Gerenta general de contenido*
Caroline Gasca, M.S.Ed., *Gerenta general de contenido*
Fabiola Sepulveda, *Directora de arte*

**Library of Congress Cataloging-in-Publication Data**
Names: Rice, Dona, author. | Di Donna, Emanuela, illustrator.
Title: Hogares para todos / Dona Herweck Rice ; ilustrado por Emanuela Di Donna.
Other titles: All kinds of homes. Spanish
Description: Huntington Beach, CA : Teacher Created Materials, Inc., [2025] | Audience: Ages 3-9 | Summary: "Animals of the world build and find homes that are right for them. So do people. What is your favorite type of home?"-- Provided by publisher.
Identifiers: LCCN 2024018403 (print) | LCCN 2024018404 (ebook) | ISBN 9798765961780 (paperback) | ISBN 9798765966730 (ebook)
Subjects: LCSH: Animals--Habitations--Juvenile literature. | BISAC: JUVENILE NONFICTION / House & Home | JUVENILE NONFICTION / Readers / Beginner
Classification: LCC QL756 .R4818 2025  (print) | LCC QL756  (ebook) | DDC 591.56/4--dc23/eng/20240627

Se prohíbe la reproducción y la distribución de este libro por cualquier medio sin autorización escrita de la editorial.

5482 Argosy Avenue
Huntington Beach, CA 92649
www.tcmpub.com
ISBN 979-8-7659-6178-0
© 2025 Teacher Created Materials, Inc.
Printed by: 926. Printed in: Malaysia. PO#: PO13820